L'ÉVÉNEMENT DU JOUR

UNE

GRANDE CATASTROPHE

FINANCIÈRE

au sujet du financier Mirès

PARIS

IMPRIMERIE DE L. TINTERLIN ET Cⁱᵉ

RUE NEUVE-DES-BONS-ENFANTS, 3.

L'ÉVÉNEMENT DU JOUR

UNE GRANDE CATASTROPHE

FINANCIÈRE

ET REMÈDE

CONTRE DE PAREILLES ÉVENTUALITÉS

PAR

H. MÉJANEL DE LA ROQUE

Prévenir vaut mieux que punir.

PARIS

E. DENTU, LIBRAIRE-ÉDITEUR

GALERIE D'ORLÉANS, 13, PALAIS-ROYAL

—

1861

L'ÉVÉNEMENT DU JOUR

Dans la seconde partie du dix-huitième siècle, un Écossais novateur, amena une de ces catastrophes financières qui datent dans la vie des peuples. La perturbation la plus complète était dans tous les degrés de l'échelle sociale. Les seigneurs les plus huppés comme les artisans les plus modestes, enfiévrés de l'épidémie courante, virent, les uns, leur fortune, et les autres, leurs pauvres économies, disparaître de leurs escarcelles. Le célèbre Law avait éveillé en France les appétits matériels, l'égalité devant les droits chanceux à la fortune. Il avait créé, ouvert cette plaie purulente qu'on appelle : Spéculation. Les plus grands domaines s'y sont fondus, les plus honorables économies y ont été dévorées.

Dans le premier quart de ce siècle, un autre scandale, moins considérable en importance, c'est vrai, a eu lieu. Un munitionnaire d'armée a apporté le deuil et la ruine dans un grand nombre de familles.

La spéculation avait encore enveloppé de son pres-
tige vertigineux ce *stultum pecus* qu'on appelle : Public. Deux leçons fortes, mémorables en un peu plus
d'un demi-siècle ! Cela a-t-il servi de leçon? Les faits
répondront pour nous. Nous ne reviendrons pas sur
un passé bien récent encore, les docks et les scandales d'une entreprise d'un certain chemin de fer. Il
nous suffira d'envisager, d'apprécier et d'argumen-
ter le fait considérable d'une triste actualité.

Une de nos plus grandes illustrations de la finance
a été arrêtée dimanche soir, 17 février, conduite à
la Conciergerie, de là à Mazas, où elle serait, dit-on,
au secret. D'anciens associés, depuis lors, s'il
faut en croire la rumeur publique, auraient subi des
interrogatoires dans le cabinet du juge d'instruction.

Malheureux sont, en ce moment, les avides de
nouveautés, qui : *aures non habent*, sont privés de
ces détails de faux, de vols qui enrichissent toutes les conversations. Les faux, les vols, car ils
se comptent comme les sommes par millions, par
dizaines, par vingtaines de millions. *Quid verum?* La
justice seule confirmera ou atténuera, annihilera
ces chiffres de crimes fantastiques.

La position faite à cet éminent financier demande la plus grande réserve, la plus grande circonspection ; car demain une décision du cabinet du juge d'instruction peut le rendre à la société complétement lavé de toutes ces taches dont la rumeur publique se plaît à le souiller en ce moment. Et quand l'instruction le maintiendrait sur la sellette, le grand jour de la discussion judiciaire peut lui rendre tout le lustre de son passé.

Nous laisserons donc cette illustre personnalité en dehors de toutes les hypothèses sinistres, le mot n'est pas exagéré, dont on se plaît à enlaidir sa si triste, si terrible position. Nous prendrons hypothétiquement au sérieux toutes les accusations graves qu'on lui déverse à pleines mains. Ainsi le veut, l'exige le besoin de notre argumentation, souhaitant que de cette hypothèse il puisse en résulter un dégrèvement de charge en sa faveur.

Nous admettons donc que ce financier ait commis toutes les fautes, disons les gros mots, tous les crimes, tous les faux, tous les vols dont la rumeur publique se complaît à le charger. Mais, tout le monde le sait, personne ne l'ignore, cette maison n'était pas un escompteur, prenant dans le for intérieur de son cabinet, du papier à six pour cent l'an et un pour cent de commission, qu'il repassait, le lendemain, à trois et demi ou quatre pour cent. La banque privée aujourd'hui abandonne ce fretin, *ces bagatelles de la porte*, à une catégorie d'individus qui n'osent même plus s'intituler : banquiers. Ils prennent l'humble titre d'*escompteurs*. Les banquiers, de nos jours, prennent la tête, la direction d'affaires plus considérables, d'entreprises qui demandent une autorisation gouvernementale qui ne leur est accordée que sous certaines conditions de garantie. Ces garanties sont de trois sortes : un conseil d'administration, un comité de censure, plus un délégué de l'administration gouvernementale, chargé, qu'est ce dernier, de rendre compte périodiquement, et plus souvent, s'il y a lieu, des faits et gestes de la direction, de la régularité des approbations du conseil d'administration et du fonctionnement consciencieux du comité de censure.

Or, l'illustre financier dont l'arrestation et l'incarcération à Mazas défrayent toutes les conversations de Paris, toutes les correspondances de l'étranger, était à la tête de nombreuses sociétés par actions. Cela veut dire que toutes ses opérations, toute son action dirigeante, étaient sous le coup de la surveillance, sans doute aussi intelligente, active, que désintéressée, d'un conseil d'administration. Il était sous le coup d'un comité de censure, chargé de prévenir le conseil d'administration des écarts volontaires ou irréfléchis de sa gestion, de sa direction. Bien plus, lui, financier, son conseil d'administration, son comité de censure étaient sous la surveillance d'un commissaire, délégué du gouvernement, qui ne pouvait et ne devait rien passer d'illégal, d'inexact, d'incorrect, d'irrégulier à plus forte raison. Du moins ce commissaire, ce fonctionnaire public, cet officier ministériel, ne recevait de traitement que pour remplir ce mandat.

Nous admettons, sans conteste aucune, tous les crimes qu'on impute à cet homme. Il a volé dix, quinze, vingt millions. Il a fait des faux en écriture publique par centaines, par milliers, si l'on veut, nous n'allons pas à l'encontre de l'opinion et de ces malheureuses assertions. Mais, si nous ne nous trompons, il n'y a pas beaucoup plus d'un mois que le conseil d'administration d'une de ses entreprises, rendait un compte parfaitement clair, parfaitement limpide, des opérations de l'année écoulée. Les opérations ont paru tellement claires, tellement limpides à la réunion des actionnaires, qu'il n'y a pas eu une seule observation critique ; que le bien être des comptes a été reconnu ; que les dépenses comme les recettes ont été approuvées ; qu'il ne s'est exhalé aucune plainte, même pas la moindre critique qui eût pu amener une modification dans la direction, ou dans le conseil d'administration, ou dans le comité de censure. Et, aujourd'hui, cet éminent financier serait au secret, à Mazas, pour des crimes nombreux de vols et de faux, remontant à des époques bien antérieures à la dernière reddition de comptes.

Les conseils d'administration, qu'on nous permette cet entre-parenthèse, les comités de censure, les commissariats de gouvernement font des frais *d'états-majors* fort lourds au dividende sur lequel on les prélève. Nous lisions, cet été, un compte rendu d'une société nouvellement crée, présentant des frais généraux pour son personnel administratif de 55,000 francs, et pour *l'état-major* 40,000, dont elle impétrait le doublement de cette dernière somme. On pourrait citer des présidents de conseil d'administration touchant 80,000 francs de traitement, et des vices-présidents touchant 40,000 fr. On pourrait citer des hommes investis, sans doute à cause de leur mérite plus que transcendant, de trois ou quatre présidences et d'autant de vices-présidence. Ce qui, en fin de compte, leur constitue un revenu assez honorable, *si beneficium propter officium, benè sit.* Cet entre-parenthèse est nul et de nulle valeur. C'est ce que nous démontrera la tâche que nous avons entreprise.

Passons cette digression. Nous avons accepté la

culpabilité, sur tous les points, du malheureux financier dont nous nous occupons. Il a commis des faux et des vols pour des sommes se comptant par vingtaines de millions. Mais a-t-il pu dérober un jour, furtivement, sans que son caissier s'en fût aperçu, une somme aussi considérable ? Pour nous, nous ne le croyons pas, parce que si l'Anglais dit : *Time is money*, le temps est de l'argent ; le financier de tous les pays dit : *l'intérêt du capital est encore un capital.* Or, avoir dans une caisse, dix, quinze, vingt millions, c'est d'abord tenter le sort, sinon Satanas, et c'est perdre un intérêt qui est le produit du capital, comme la récolte du blé est le produit de celui qu'on a confié à la terre quelques mois plus tôt.

De plus ce financier a commis des faux, des faux nombreux, qui ont dû amener à des vols ultérieurs dont il a profité. Nous concevons parfaitement le vol, les faux d'un caissier qui, investi de toute la coufiance de son maître, fera disparaître cent, deux cent, cinq cent mille francs, si l'on veut ; cela s'est vu, et qui pis est, cela se verra malheureusement encore. Ce crime est dû à la nature perverse du caissier, indigne de la haute confiance d'une unité seule responsable de la perte qu'elle subit. Mais, nous le répétons, les grandes entreprises de l'homme dont nous nous occupons, avaient des conseils d'ad-

ministration, des comités de censure, des commissaires délégués du gouvernement pour la surveillance des intérêts multiples que représentaient ses
entreprises.

Si on admet, avec nous, qu'il y a eu des faux nombreux, des vols par dizaine ou vingtaine de millions. Il faut admettre que ces sommes, jadis anté-
diluviennes, et qui ne sont aujourd'hui que des
appoints, ne se sont pas trouvées, *d'un seul bloc,* à
un moment donné, dans la caisse imprudemment
laissée ouverte par le *caissier absent,* et que notre
grand criminel a pu enlever *subrepticement.* Ce n'est
pas un crime fortuit, ce n'est pas une occasion qui a
fait un larron. C'est un crime, ou plutôt ce sont des
crimes, faux et vols, prémédités et perpétrés de lon-
gue main.

Mais nous avons dit plus haut qu'il y a à peine un
mois que le conseil d'administration réunissait les
actionnaires pour leur présenter les comptes de
l'exercice 1860, écoulé, et que sur la foi que ces actionnaires avaient dans le conseil d'administration,
dans le comité de censure et dans le commissaire de
la surveillance délégué par le gouvernement, ils
avaient approuvé le bien être des comptes dudit
exercice. Les vols, les faux de l'incriminé remontent
évidemment à des époques antérieures à la réunion
des actionnaires que nous venons d'indiquer. Nous

ne doutons nullement de la haute intelligence, pas plus que de la haute influence que possédait l'illustre financier, si vite et si bas tombé. Cependant, nous sommes forcé de le confesser, nous doutons qu'il ait pu tromper, réellement tromper, matériellement tromper un conseil d'administration, un comité de censure, composés généralement, du moins ainsi le prétend-on, de notabilités spéciales en fait de comptabilité. En fait de comptabilité nous nous permettrons cette simple observation : Une écriture financière, administrative ou commerciale, ne peut se passer que sous la possession et le vu d'un titre. Le caissier qui, le matin d'une échéance, a un encaisse plus ou moins considérable, peut fort bien, le soir dudit jour, ne plus avoir pour représenter le numéraire, son encaisse du matin ; mais il produit en échange ce substitutif qu'on appelle le *papier acquitté*, qui fait la décharge de sa responsabilité. Tel est le mécanisme qui garantit les administrations publiques ou privées des vols autres que ceux effectués par l'effraction ou la négligence d'un caissier absent maladroitement.

Encore une fois, nous ne saurions trop y appuyer. Qui expliquera que les rouages de surveillance qu'on appelle : le conseil d'administration, le comité de censure, le commissaire délégué du gouvernement, aient pu laisser présenter, ou plutôt aient pu présenter un bilan qui, un mois plus tard, de par la vigilance judiciaire, devait être entaché de faux et de vols constituant un préjudice aux actionnaires, aux bailleurs de fonds, de sommes non moindres que des millions par dizaine, voire même par vingtaine?

C'est là un fait grave, disons plus, considérable, qui appelle les méditations les plus profondes des législateurs. On a vu acheter des noms redondants au prix de la concession gratuite d'actions par milliers, pour faire accepter, prendre au sérieux, *faire mousser* une entreprise par le *stultum pecus* que l'on nomme le public. Ces noms faisaient l'office de grosses caisses aux foires de nos villages, ils appelaient les *Gogos*. Et un jour, les malheureux actionnaires n'avaient d'autre nourriture à donner à leurs familles que celle dont se repaît le caméléon.

De deux choses l'une, ou dans l'occurrence présente, le conseil d'administration, le comité de censure, le commissaire de la surveillance ont été tellement ignorants des conditions de leur mandat, que la complicité doit les atteindre dans sa rigueur, si le crime du financier vient à se prouver. Ce sera une leçon pour tous ces hommes qui appètent indistinctement toutes les places bien rétribuées, sans s'occuper des conditions d'aptitude et de dévouement; ou il y a eu une légèreté aussi inqualifiable qu'injustifiable dans l'exécution de leur mandat, qui a causé la ruine de familles se comptant par centaines de milliers, et alors les résultats de la complicité édictée par la loi, doit leur incomber, pour la garantie à venir des actionnaires de toutes les entreprises ; ou, enfin, ils n'ont pu ignorer les crimes imputés au prévenu, et ils ont aidé à les faire passer inaperçus, et la loi ne peut ni ne doit les épargner. C'est la garantie due aux intérêts privés et généraux.

Dans l'acception la moins offensante, l'ignorance, une solidarité avec le coupable, servira de leçon, dans l'avenir, à ces ambitieux sans mérite, à qui appètent les honneurs et les traitements largement rétribués ; dans le second cas, la solidarité devant la loi fera les hommes plus attentifs à remplir consciencieusement le mandat, non qu'ils acceptent, il faut le dire, qu'ils sollicitent ; et, dans le troisième cas, celui de la culpabilité de connivence, les membres des conseils comprendront qu'ils ne peuvent plus échapper à la responsabilité judiciaire à laquelle, jusqu'ici, ils avaient pu se soustraire.

Admettant, toujours hypothétiquement, bien entendu, la culpabilité du malheureux et éminent financier enfermé à Mazas, il doit être évident pour tous, que si le conseil d'administration, que si le comité de censure, que si le commissaire délégué du gouvernement eussent rempli avec ponctualité, consciencieusement enfin, leur mandat, tous et chacun, il est

évident que le malheureux financier n'eût pu pré-
méditer même ses crimes, leur perpétration étant impossible ; qu'il n'eût pu perpétrer des crimes répétés
et considérables par leurs résultats matériels. Il eût
été, par une surveillance consciencieuse, arrêté dans
ses intentions malfaisantes. Aujourd'hui, il ne serait
pas à Mazas, prêt à expier sa faute, ses fautes, et les
innombrables familles, ses victimes, ne se verraient
pas ruinées, près de la misère, que leur valent, ou
l'ignorance, ou l'incurie, ou plus la complicité des
rouages divers qui avaient pour mission, plus que
généreusement rétribuée, une incessante sollicitude
pour les intérêts des actionnaires, des bailleurs de
fonds.

Les intérêts multiples nombreux que représentent
les grandes entreprises, doivent appeler les mûres
réflexions des législateurs, avons-nous dit. Les conseils d'administration, les comités de censure, les
commissariats de surveillance sont des titres ambi-
tionnés, parce qu'ils posent un homme d'abord ; en
second lieu, parce que c'est une sinécure généralement très-productive ; enfin, parce que c'est une position faite à des appétits cupides qui leur permet
souvent, par une condescendance coupable, d'acqué-
rir des fortunes injustifiables dans un espace de
temps plus que court.

Nous avons admis la culpabilité de l'incriminé, incarcéré, mis au secret. Nous acceptons les malheureuses et terribles conséquences qui en découleront pour lui. La justice ne l'épargnera pas, nous n'en faisons pas le moindre doute. Nous allons plus loin, nous l'espérons et le désirons, pour l'exemple de ceux qui pourraient rêver de l'imiter. C'est un holocauste nécessaire à la moralisation de l'espèce. Mais, par son arrestation, par son incarcération, cet homme, ce financier, hier *archi-millionnaire*, est complétement ruiné. Le crédit dont il jouissait, à l'aide duquel il pouvait se relever, rétablir, réunir les débris épars de sa grande fortune, le crédit est perdu. Il est ruiné. C'est un grand malheur qu'on déplorera, comme nous, sans nul doute... Mais cet homme ne perd pas que le sien. Sous le mirage de grands bénéfices, de grands dividendes, qu'on a fait chatoyer aux yeux du public, il a appelé à lui l'épargne, le pain de l'avenir et du présent, la fortune d'un nombre *innombrable* de familles. Ces familles ne le connaissaient pas. Elles ont pu avoir confiance dans le savoir-faire que lui avait attribué la renommée, c'est vrai. Elles auraient peut-être confié le vingtième, le dixième de leur épargne, de leur fortune, à ce mérite hors ligne? Mais est-il probable qu'elles eussent tout donné, sans se garder, sans se réserver une poire pour la soif, en cas de l'insuccès,

2

toujours prévisible, attaché aux entreprises les mieux conçues, corollaire inéluctable de l'imperfection humaine? Non, dans le cas présentement échéant, les actionnaires, comme toujours, ont compté sur l'active surveillance, sur la capacité hors ligne, sur la moralité incontestable du conseil d'administration, du comité de censure, et surtout sur la perspicace intervention du commissaire délégué du gouvernement.

Nous sommes obligés de le répéter. Il y a à peine un mois que l'entreprise dont l'éminent financier avait la direction, se hâtait de convoquer ses actionnaires, pour leur présenter le bilan de l'exercice 1860, dernier écoulé. Ce bilan avait la haute sanction, la haute et entière approbation du conseil d'administration, du comité de censure et du commissaire délégué du gouvernement. Et quelques jours après, le public apprend l'arrestation et l'incarcération, la mise au secret de cette illustration de la finance, dont les derniers, tout derniers comptes, avaient reçu l'approbation de ses mandants, les actionnaires. Il était arrêté, incarcéré, mis au secret pour une série de crimes, de faux, de vols, dont la perpétration remontait à des dates antérieures au bilan que nous venons de citer. De nos articulations attestées par des faits incontestables, il doit ressortir une complicité inniable et du conseil d'adminis-

tration, et du comité de censure, et du commissaire
du gouvernement. Que cette complicité soit du fait
de l'ignorance, de l'insouciance, ou qu'elle soit criminelle, on ne peut la nier. Jusqu'ici les statuts con-
ventionnels des grandes entreprises déchargent de
toute responsabilité effective, matérielle, criminelle,
tous les membres auxquels incombe le mandat de la
surveillance administrative, celui de la censure, celui
du commissariat. En face de l'énumération des faits
que nous venons de produire, nous demandons, et
nous espérons ne pas être le seul, à formuler cette re-
quête que, dans l'occurrence présente, si l'ignorance,
l'insouciance ou la complicité criminelle des divers
rouages que nous avons énumérés, ressortent aux
yeux de la loi ; nous demandons que tous ces rouages soient assis sur la même sellette, s'il y a lieu,
que l'incriminé présentement en cause, l'intérêt
privé et public réclamant, vu le préjudice causé, une
réparation matérielle et pénale qui, par un exemple
éclatant, donne à réfléchir à ceux qui pourraient les
imiter.

On nous dit : Mais avec cette épée de Damoclès
suspendue sur la tête des administrateurs, des cen-
seurs et des commissaires, qui voulez-vous qui ose

accepter un pareil mandat, où la fortune personnelle
et l'honneur du nom peuvent être à la merci du premier intrigant qui voudra les tromper ? A notre tour,
nous répondrons : Dans la seconde partie du dix-
neuvième siècle, que nous tenons, s'il faut en croire
la chronique, les honnêtes gens sont

Rari nantes in gurgite vasto.

Soit ! mais comme il n'y a pas de règle sans exception, et, ici, nous croyons l'exception nombreuse,
quoi qu'on en prétende, il se trouvera assez d'honnêtes gens pour composer, former le nombre de membres nécessaires à un conseil d'administration, à un
comité de censure, à un commissariat délégatoire du
gouvernement.

Nous avons répété plus haut les plaintes souvent proférées de la cherté des états-majors des
grandes entreprises, avec leurs présidents de conseil à 40 ou 80,000 francs, avec leurs vices-présidents à 20 ou 40,000 francs. Nous avons répété
les plaintes de l'opinion publique à l'endroit de ces
présidents, de ces vice-présidents, de ces administrateurs qui président, *vice*-président, administrent
deux, trois ou quatre entreprises comme celles dont
nous nous occupons. De deux choses, l'une. Ou les

rouages administratifs sont des sinécures productives d'hommes et de traitements, du sacrifice desquels se passeraient très-bien les actionnaires qui en verraient leurs dividendes s'accroître d'autant ; ou ces hautes missions, garantie des intérêts des actionnaires, réclament un concours incessant qui exige tout le temps et toute l'intelligence de chacun de ces membres, et alors la multiplicité des emplois, délégués à un seul, ne lui permet pas d'en accepter deux, trois, et à plus forte raison, quatre. Or, la responsabilité morale, matérielle, légale, la solidarité légale incombant à tout homme qui acceptera un mandat d'administrateur, de censeur ou de commissaire, fera disparaître du terrain des grandes entreprises, tous ces parasites affublés d'un nom plus ou moins redondant, tous les cupides de capitaux gagnés sans risque par une complicité d'ignorance, d'insouciance, ou de toute autre qu'il ne nous plaît plus de *requalifier*.

Mais abordons un autre côté de la question. L'éminent financier de la rue de Richelieu est sous le séquestre, sa personnalité et sa chose et ses entreprises. Nous l'avons hypothétiquement admis *atteint et convaincu* de tous les crimes dont le dote la rumeur publique. Mais, il y a quelques jours, quelqu'un

nous disait qu'il y avait quatre ans que, dans son esprit et dans celui de bien d'autres de sa connaissance,
il était avéré que la catastrophe qui retentit aux quatre coins de l'Europe et du globe tout entier, devait
avoir lieu. Voilà une opinion. D'un autre côté, nous
nous rappelons personnellement et pertinemment,
qu'au moment du mariage de la fille de l'éminent financier, il nous fut dit que le gendre touchant son
douaire en rentes, aurait la première année de son
revenu pour capital. Nous vîmes là, à tort ou à raison, un coup de langue peut-être d'un de ces en-
vieux jaloux du bonheur de leur prochain. Les faits
ont justifié, il y a tout lieu de le craindre, ces malheureux pronostics. Mais nous n'avons pas été
seul à les entendre exhaler. L'opinion publique s'en
préoccupait généralement depuis longtemps. Nous
pouvons ajouter qu'un agent secondaire d'une haute
administration du gouvernement, qui pouvait, qui devait être parfaitement renseignée par sa mission,
racontait, il y a quelques mois, devant nous, que
depuis longtemps on savait, à n'en pas douter, qu'à
courte date, le financier qui fait le motif de ces réflexions, arriverait à la catastrophe présente. Nous
ne fîmes aucune réflexion devant cet agent. Mais,
quand il fut parti, il nous fut impossible de contenir
notre opinion, et nous dîmes : Cet homme est un
irréfléchi parleur.

Comme on le voit, il y aurait un grand nombre de coupables dans cette malheureuse affaire, qui par ignorance, qui par insouciance, qui par complicité peut-être criminelle, et enfin par intempérance de langue. Il n'y a qu'à choisir son point de vue.

Nous avons commencé par accepter hypothétiquement, avons-nous dit, la culpabilité de l'illustre financier. Nous avons le droit de prendre la contre-partie de cette supposition, déduite de la mesure judiciaire qui le frappe. Bien des malheureux ont vu détruire au grand jour de la discussion judiciaire, l'échafaudage d'apparences trpmpeuses qui les avait mis sur la sellette. Et si ce financier sortait de l'alambic de Thémis à l'état d'esprit rectifié pur et sans la moindre apparence d'alliage immonde ? C'est bien, il serait renvoyé de la plainte *sans dépens.* Son amour-propre, sa conscience, son honneur seraient satisfaits. Mais ce financier est père de famille, arraché à la direction des affaires, le scandale de son arrestation lui a retiré le haut crédit dont il jouissait sur la place ; sa fortune a été gaspillée, s'est évanouie sous l'étreinte du soupçon. Il est ruiné et laisse sa famille sans pain. Son honneur lui a été rendu, c'est vrai. Mais le pain des siens, qui le lui rendra? O législation, si volumineuse cependant, que de blancs à remplir dans tes feuillets !

Bien plus, notre malheureux sujet a été renvoyé de la plainte. Le grand jour de la discussion devant les tribunaux l'a fait aussi blanc que neige. Un verdict solennel le rend à la société aussi parfaitement honorable que devant, et le tout *sans dépens*. Mais ce présupposé grand coupable, reconnu innocent par jugement, était à la tête d'entreprises commerciales, industrielles, financières ; il jouissait d'un crédit, d'un très-grand crédit. Le crédit d'un commerçant, d'un industriel, d'un financier, c'est sa réputation. Or, sa réputation, c'est comme la réputation de la femme de César, elle ne supporte pas le moindre soupçon. Son arrestation, son incarcération, à ce malheureux, suppose crime. Le crime constitue la méfiance, la répulsion. Le crédit se retire de lui, de sa maison, de ses entreprises. Ceux qui ont fait des dépôts viennent les réclamer ; les billets de circulation, les factures sont présentés. Pour lui, le crédit n'existe plus. Il fallait que sa caisse eût toujours un excédant prêt à faire face à cet imprévu. Il ne l'a pas prévu, sa signature n'a plus cours, elle est sans valeur. Il est dans l'impossibilité de trouver des fonds, il ne

peut plus payer. Sortant acquitté de la cour criminelle, relevé des taches que la calomnie lui avait
faites, il comparaît devant un autre tribunal qui, le
Code de commerce à la main, vu son état d'insuffi-
sance à satisfaire à ses engagements, le déclare en
faillite, impropre à toutes les charges et fonctions ci-
viles ; il est interdit, comme un insensé ou un mal-
faiteur atteint par la sévérité de la loi. Qui réparera
le préjudice énorme causé à ce malheureux? La loi
répond, comme le signataire de certains feuilletons
du journal *le Nord* : Nemo ! O législation, si volumineuse cependant, que de lacunes à remplir dans les
innombrables feuillets de tes énormes in-folios !

Enfin, notre malheureux innocenté n'est pas un
escompteur vulgaire, un petit commerçant, un industriel de pacotille faisant tort à quelques individualités coupables d'excès de confiance dans une
capacité, une moralité négative ou absente. C'est
une des grandes intelligences de l'époque. Il a su
conquérir la confiance, l'estime, partant les capitaux
d'un nombre d'individualités, de familles se comptant par centaine de milliers. Son mérite, l'estime
dont il était environné, ont été un aimant, un fluide
électrique qui ont rempli ses caisses, nous n'en dou-

tons pas. Cependant, sans altérer en rien la confiance acquise, conquise par cette intelligence supérieure, nous nous permettrons de répéter que nous faisons plus que douter que sa haute personnalité eût trouvé les millions par centaines pour faire face à ses gigantesques entreprises. Des noms considérables de la société, choisis, triés avec une rare intelligence, pour mettre dans les conseils d'administration, dans les comités de censure, ont pu décider bien des escarcelles à se vider dans une caisse, dans des entreprises meublées d'un personnel aussi considérable par son relief. Notre financier n'est pas coupable. On a vu la fin de non-lieu du cabinet d'instruction, ou le verdict de non-culpabilité de la cour criminelle. Il est personnellement atteint dans sa fortune. Sa famille est ruinée. De son chef, elle ne possède plus rien. Bien plus, son arrestation lui ayant retiré le crédit, il n'a pu satisfaire à ses engagements commerciaux, industriels, financiers ; le tribunal l'a déclaré en faillite, inapte à gérer, à posséder. Innocent, il est coupable d'avoir commis le crime d'une calomnie qui l'a atteint et dont il s'est lavé au criminel, mais qui l'atteint dans sa fortune, dans son honneur commercial. Il est ruiné aussi matériellement que moralement. Mais toutes ses grandes entreprises sont arrêtées, elles sont sans produit au présent comme dans l'avenir? Et ces fa-

milles se comptant par myriades, qui les indemni-
sera du préjudice énorme que la sentinelle avancée
de la morale publique, la justice, leur occasionne
par son intervention? O législation, si volumineuse
cependant, que de blancs à remplir dans les feuillets
multipliés de tes volumineux in-folios !

Qu'il nous soit permis de répéter ce que nous avons
entendu sortir de la rumeur publique, que l'État avi-
serait à donner une indemnité à toutes les malheureuses victimes de la catastrophe financière de l'hôtel des
Princes de la rue de Richelieu. Plus que personne
nous nous sommes appesanti sur la malheureuse position des actionnaires bailleurs de fonds à toutes
les entreprises émanant de cette maison. Plus que
personne nous apprendrions, nous verrions avec
plaisir que le haut financier à qui vient d'être confiée
la liquidation ou l'inventaire du malheureux prévenu, a réussi à rétablir la vérité des faits moins
malheureux que l'opinion publique ne se les était fi-
gurés, et à présenter une situation exacte qui démontre aux actionnaires leur trop grande précipi-
tation à s'alarmer, en leur faisant lire de leurs pro-
pres yeux un inventaire établissant le bon état des
affaires sociales, ce qui rétablirait leur position

comme devant. Mais, s'il n'en est pas ainsi, l'État pourrait-il, devrait-il penser à une indemnisation pour ces grandes infortunes? Nous ne craignons pas de répondre par la négative. L'État commettrait une faute, une injustice, une hérésie administrative, s'il pouvait avoir eu la pensée qu'on lui prête. Les deniers de l'État sont le produit d'une souscription annuelle plus ou moins volontairement consentie par tous, qu'on appliquerait à indemniser ceux qui, au titre d'actionnaires industriels, ne paient pas personnellement la quote-part exigée du revenu de chacun, rente ou salaire.

CONCLUSION.

Notre conclusion sera donc celle-ci :

L'affaire de la rue de Richelieu offre cet enseignement. C'est ce qui produit ces effrayantes et calamiteuses catastrophes, c'est l'irresponsabilité matérielle, morale et au besoin pénale, disons le mot, de tous ceux qui ont mandat, mission, de surveiller tous les actes des entreprises, ou d'en prévenir le gouvernement qui saurait aviser, quand ils voient la direction se mettre sur une pente que les règlements spéciaux à l'entreprise ou généraux du commerce, de l'industrie, de la finance interdisent. C'est cette irresponsabilité qui a amené l'énorme catastrophe dont nous nous occupons, si fatale à des masses plus que compactes d'individualités. Donc la loi ou la législation doivent, pour l'avenir le plus prochain, établir, exiger la responsabilité personnelle, matérielle, légale de tous ces rouages qu'on appelle conseil d'administration, comité de censure, commissariat de la surveillance.

De grands scandales judiciaires à propos des docks, à propos d'un chemin de fer que se sont partagé les autres compagnies, avaient déjà fait comprendre la nécessité de la responsabilité que nous réclamons. La malheureuse catastrophe dont nous nous occupons, corrobore, par ses arguments, dont nous avons essayé de bien retracer l'importance, corrobore ce que les docks ont déjà fait demander. Elle démontre le besoin de la révision des statuts des grandes entreprises, pour y inscrire la responsabilité à exiger des rouages que nous avons désignés. Les corps législférants sont en session. Le scandale et l'infortune sont considérables. L'occasion est belle, l'herbe est tendre : Légiférez ce que nous indiquons et impétrons :

« La responsabilité des rouages qu'on appelle
« Conseil d'administration, Comité de censure, Com-
« missariats de surveillance. »

Nous avons pris pour épigraphe : *Prévenir vaut
mieux que punir*. Par cette loi, vous préviendrez et
la loi n'aura pas à punir !

FIN.